Wer glaubt vertraut (Teil II)

GGG – Gebete, Gedichte und Geschichten nicht nur für Kirchgänger

Kurt von der Heide

Dieses Buch wurde geschrieben, gedruckt, ausgeliefert und bezahlt ohne staatlich-lippische Begabtenförderung!!

Der Name des Herrn ist ein
starker Turm:
Der Gerechte läuft dorthin und
ist in Sicherheit!!

Bibliografische Information der Deutschen Nationalbibliothek:

Die Deutsche Nationalbibliothek verzeichnet diese Publikation in der Deutschen Nationalbibliografie; detaillierte bibliografische Daten sind im Internet über http://dnb.dnb.de abrufbar.

Herstellung und Verlag: BoD – Books on Demand, Norderstedt ISBN: 978-3-7322-4422-5

Das Vaterunser

Vater unser im Himmel

Geheiligt werde dein Name.

Dein Reich komme.

Dein Wille geschehe,

wie im Himmel, so auf Erden.

Unser tägliches Brot gib uns heute.

Und vergib uns unsere Schuld,

wie auch wir vergeben unsern

Schuldigern.

Und führe uns nicht in Versuchung,

sondern erlöse uns von dem Bösen.

Denn dein ist das Reich

und die Kraft und die Herrlichkeit

in Ewigkeit.

Amen.

Das apostolische Glaubensbekenntnis

Ich glaube an Gott, den Vater,

den Allmächtigen,

den Schöpfer des Himmels und der

Erde.

Und an Jesus Christus,

seinen eingeborenen Sohn, unsern

Herrn,

empfangen durch den Heiligen Geist,

geboren von der Jungfrau Maria,

gelitten unter Pontius Pilatus,

gekreuzigt, gestorben und begraben,

hinabgestiegen in das Reich des Todes,

am dritten Tage auferstanden von den

Toten,

aufgefahren in den Himmel.

Er sitzt zur Rechten Gottes,

des allmächtigen Vaters;

von dort wird er kommen,

zu richten die Lebenden und die Toten.

Ich glaube an den Heiligen Geist,

die heilige christliche Kirche,

Gemeinschaft der Heiligen,

Vergebung der Sünden,

Auferstehung der Toten

und das ewige Leben.

Amen.

Herr, du sagst in der Bibel, wir sollen alle Sorgen auf dich werfen. Du siehst meine Sorgen, die ich mir mache. Schenke mir die Kraft, dass ich all meine Sorgen bei dir abladen und glauben kann, dass du dich um meine Situation kümmerst. Danke, dass du eine Lösung hast für meine Probleme.

Amen.

Herr Jesus, du bist auch für meine Krankheit und die meiner Lieben ans Kreuz gegangen und hast sie dort besiegt. Ich darf durch dein vergossenes Blut in der Kraft deines Heiligen Geistes Heilung über unsere Körper aussprechen. Ich glaube, dass dein Sieg am Kreuz auch heute noch für unsere Krankheit Heilung bringt. Ich spreche dies aus in dem glauben an deine Liebe und deine Kraft.

Amen.

Gott, in deinen Händen liegt unser
Leben
Du bist es, der es uns gegeben
Du hältst es in der Hand
Das ist jedem Christen wohl bekannt
Niemand fällt aus deiner Hand heraus
Das gilt jahrein und jahraus
Lass mich immer auf dich schauen
Ich weiß, ich kann auf dich bauen
Du bist meine große Hoffnung
Du weißt es und brauchst keine
Bestätigung
Gott, deine lebendige Liebe sende mir
Denn ich bekenne mich zu dir

Zwei Männer, beide schwer krank, lagen in einem gemeinsamen Krankenzimmer. Der eine durfte sich jeden Tag in seinem Bett eine Stunde lang aufsetzen, um die Flüssigkeit aus seiner Lunge zu entleeren. Sein Bett stand direkt am Fenster. Der andere Mann musste den ganzen Tag flach auf seinem Rücken liegen.

Die Männer plauderten Stunden lang, ohne Ende. Sie sprachen über ihre Frauen, ihre Familien, ihre Berufe, was sie während des Militärdienstes gemacht hatten und wo sie in ihren Ferien waren. Jeden Nachmittag, wenn der Mann in dem Bett beim Fenster sich aufsetzen durfte, verbrachte er seine Zeit indem er dem Zimmerkameraden alle Dinge beschrieb, die er außerhalb des Fensters sehen konnte. Der Mann in dem anderen Bett begann geradezu, für diese Eine-Stunde-Intervalle zu leben, in denen seine Welt erweitert und belebt wurde durch Vorgänge und Farben der Welt da draußen! Das Fenster überblickte einen Park mit einem reizvollen See. Enten und Schwäne spielten auf dem Wasser und Kinder ließen ihre Modellbote segeln. Junge Verliebte spazierten Arm in Arm zwischen den Blumen aller Farben und eine tolle Silhouette der Stadt war in der Ferne zu sehen. Als der Mann am Fenster all diese Dinge in wunderbaren Einzelheiten schilderte, schloss der Mann auf der anderen Seite des Zimmers seine Augen und stellte sich das malerische Bild vor. An einem warmen Nachmittag beschrieb der Mann am Fenster die Parade einer Blaskapelle, welche gerade vorbeimarschierte. Obwohl der andere Mann die Kapelle nicht hören konnte, konnte er sie richtiggehend sehen - mit seinem geistigen Auge!

Der Mann am Fenster beschrieb sie wirklich mit sehr eindrucksvollen Worten. Tage und Wochen vergingen. Eines Morgens, als die Schwester gerade kam, um die beiden Männer zu waschen, fand sie den Mann am Fenster leblos vor - er war friedlich im Schlaf gestorben. Sie war traurig und holte erst den Arzt und dann den Pfleger, damit der den Toten wegbrachte. Sobald es passend erschien, fragte der andere Mann, ob er jetzt in das Bett am Fenster wechseln könnte. Die Schwester erlaubte das gerne und sobald er bequem lag, ließ sie ihn allein. Langsam und schmerzvoll stützte er sich mühevoll auf seinen Ellbogen, um einen ersten Blick auf die Welt da draußen zu werfen. Er strengte sich an und drehte sich zur Seite um aus dem Fenster neben dem Bett zu sehen. Gegenüber dem Fenster war eine nackte Wand. Der Mann rief die Schwester und fragte sie, was seinen Zimmerkameraden dazu bewegt haben könnte, so wunderbare Dinge außerhalb des Fensters zu beschreiben? Die Schwester antwortete: „Vielleicht wollte er Sie aufmuntern. Wissen Sie, dass der Mann blind war und nicht einmal die Wand gegenüber sehen konnte? Aber vielleicht hat er deshalb mehr gesehen als wir." Der Mann ließ sich ins Bett zurücksinken und betete für den Verstorbenen.

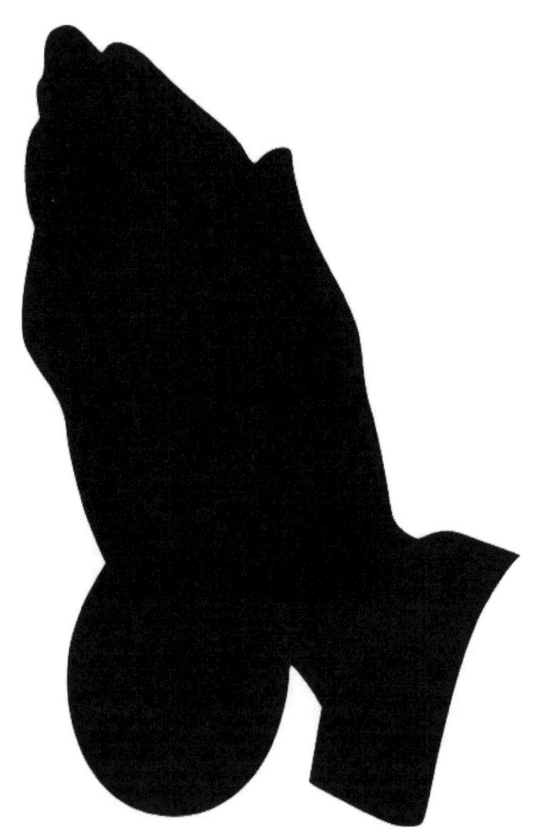

Vom Sonnenaufgang bis zum
Sonnenuntergang
Hallt für dich ihr lauter Lobgesang
Ungezählt sind die Gläubigen schon
Die knieend singen vor deinem Thron
Ein würdiges Loblied singen sie dir
Jesus Christus sie singen nur für dich –
jetzt und hier
Bald werden noch mehr Gläubige auf
Erden für dich singen
Um Ruhm und Dank dir zu bringen

Wie groß und angebetet du doch bist
Unser Erlöser Herr Jesu Christ
Zu weinen beginnen viele dann vor
Glück
Denn du kommst ihnen näher Stück für
Stück
Ewig werden sie um dich zu ehren
Nach deiner Liebe sich verzehren

Sorgt euch doch nicht

Gott wacht über uns als großes Licht

Geht zu ihm mit all euren Dingen

Mit eurem flehen, bitten, ringen

Wenn wir wollen, dann öffnet sich die
Tür

Ihr braucht nur ein offenes Herz dafür

Gott gibt uns allen seinen Segen

Wenn wir uns nach seinem Willen regen

Er hält für uns bereit den Weg zur
Ewigkeit

Für alle die glauben kein Grund zur
Traurigkeit

Gott überhäuft uns mit seiner Liebe
Ach, wenn das doch für immer bliebe
Wir dürfen, nein wir sollen, zu ihm
beten jederzeit
Denn sein Paradies ist für uns bereit
Bedankt euch bei Jesus Christus auch
dafür
Das er in euch wohnt, praktisch Tür an
Tür
Denn viele Menschen haben schon
erkannt
Das er es ist, der von Gott gesandt

Manchmal bezweifle ich, dass Gott mich hört und oft glaube ich, dass mir Ruhe und Stille fehlen um ihn zu hören. Manchmal werde ich in die Wirklichkeit zurückgeholt, damit ich begreife, dass auch zum Gebet hören und reden gehören. Ich habe begriffen, warum uns Gott Ohren geschenkt hat. Wir hören nämlich nicht nur nach außen, sondern auch nach innen. Ich weiß jetzt, dass Gott immer ein offenes Ohr für seine Kinder hat.

Der das Ohr gepflanzt hat, sollte der nicht hören?

Psalm 94,9

Gott, in Psalm 104 loben wir dich: Wie sind deine Werke so groß und viel. Herr, ich danke dir, dass ich mich täglich an deinen Werken erfreuen kann, die du geschaffen hast. Du, der als Schöpfer all unser schaffen und tun tagaus und tagein begleitest. Für den heutigen Tag bitte ich dich: pass auf mich auf. Dankbar vertraue ich darauf, dass du mich begleitest und mir nahe bist.

Amen

Des Tages Stunden nun zerrinnen
Auf Dich mein Gott, will ich mich
besinnen
Mein Tun und Schaffen wie Gedanken
Für all das Gute lass mich dir danken
Nach diesem schönen Tag
Was nicht so gut war, an mir dann lag

Bei allem Streben und Hoffen
Den Himmel lass mir offen
Mit Deinem Segen wohl bedacht
Beschütz mich auch in dieser Nacht

Lass Ruh und Stille um mich sein
Dass ich friedlich kann schlafen ein
Erholt erwach ich dann auch morgen
Im Traum erlöst von meinen Sorgen

Jesus Christus, mein Herz will ich dir
geben
Dich zu lieben, bedeutet Leben
Dich zu haben bedeutet Ruh
Darum schließe ich getrost meine
Augen zu
Ich bete zu dir noch einmal vor dem
Schlummer
Damit Träume bereiten keinen Kummer
Bitte gib mir auch im Schlaf deinen
Segen
Denn ich weiß, du bist zugegen

Es war einmal ein Mann, der konnte seit seiner Geburt nichts sehen. Keine Blumen, keine Wolken, keine Häuser und auch nicht die Sonne – er war nämlich blind. Obwohl er blind war, erledigte er trotzdem alles selber, ob es jetzt zum Einkaufen gehen war, oder ob er zur Bank ging um dort Geld abzuheben – alles machte er alleine. An einem besonders schönen Tag, es war nämlich schön warm, wollte der blinde Mann seine Mutter besuchen, die ein paar Straßen weiter wohnte. So ging er bis zu einer vielbefahrenen Kreuzung. Dort blieb er stehen, weil er auf das Ampelsignal warten musste. Neben ihm stand ein sehender Mann. Da fragte der Blinde den Sehenden: „Sagen Sie mal, glauben sie eigentlich, dass es Gott gibt?"

„Oh, nein!" erwiderte der sehende Mann „Ganz bestimmt nicht!" „Warum nicht?" fragte der Blinde. „Ich" antwortete der Sehende „glaube nur an das, was ich auch wirklich sehen kann, und Gott, nein, Gott habe ich noch nie gesehen, also glaube ich nicht, dass es ihn wirklich gibt!" „Oh" sagte der Blinde, wendet sich ab und läuft geradewegs auf die Fahrbahn in den Verkehr. Im letzten Moment greift der Sehende nach seinem Arm und reißt ihn zurück auf den Gehweg „Sind Sie verrückt? Sie können nicht einfach auf die Straße laufen!" „Aber" sagt der Blinde achselzuckend „ich habe noch nie eine Kreuzung gesehen. Woher soll ich wissen, dass es sie wirklich gibt?" „Na, die Autos!" ruft der sehende Mann „Sie können doch die Autos hören, wie sie aus allen Richtungen kommen. Das ist doch der eindeutige Beweis für eine Kreuzung!" „Ich habe auch noch nie ein Auto gesehen" sagte der Blinde. „Ich sage Ihnen doch, hier ist eine Kreuzung, genau vor uns. Sie ist da. Das müssen Sie mir einfach glauben!" „Ja" sagt der Blinde leise und lächelt „ich glaube, dass es Gott wirklich gibt. Wenn ich ihn schon nicht sehen kann, aber ich kann von seinen Wundern hören, die auch in der Bibel niedergeschrieben sind, denn hören kann ich nämlich sehr gut!"

Der Gott des Lichtes und des Lebens
strahle leuchtend auf über uns.
Er lasse uns spüren das Feuer der
Liebe
und wärme unsere Herzen mit seiner
Lebensglut,
damit wir erkennen seine Güte
und seine Barmherzigkeit,
die überreich sind für jeden von uns.
Er lasse uns aufstehen,
wenn Leid unser Leben lähmt -
und lasse uns seine Stimme hören,
wenn er ruft:

Ich will, dass du lebst.

Das gewähre uns Gott, der für uns
Licht ist am Tag und in der Nacht:
der Vater, der Sohn und der Heilige
Geist.

Amen.

Gott, eines wünsch ich mir vor allem
andern:
Ich möchte immer mit dir Seite an Seite
wandern
Deine Liebe ist meine Speise früh und
spät
Den Samen dafür hast du gesät
Oh Gott, lass mich nie vergessen
Das alles liegt in deinem ermessen
Du begegnest mir mit viel Geduld
Und vergibst mir meine Schuld
Für dich da würde ich alles tun
Von morgens bis abends ohne groß zu
ruhn
So soll es sein bis meine letzte Stunde
schlägt
Und ein Engel mich zu dir in den
Himmel trägt

Guter Gott, ich bin zu dir gekommen,
weil ich deine Nähe brauche.
Ich kann nur leben, weil du an meiner
Seite bist um mich zu führen und zu
begleiten.
Du willst, dass ich ein Leben führe, das
dir Freude bereitet.
Daher suchst du die Gemeinschaft mit
mir, darum rufst du mich immer wieder
zu dir.
Deshalb, guter Gott, bin ich hier.
Großer Gott, ich knie vor dir als dein
Geschöpf, als dein Kind und deine
auserwählte Liebe.
Aber ich bin nicht allein gekommen.
Mit mir sind auch alle bei dir, die ich in
meinem Herzen trage.
Menschen die mir anvertraut sind,
Menschen, die du mir anvertraut hast,
Menschen, die dich suchen,
Menschen, die mir von dir erzählt
haben.

Für sie und mit ihnen verbringe ich
diese Zeit des Gebetes.
Mit dir und mit ihnen bilden wir eine
heilige Gemeinschaft, wie sie
wunderbarer nicht sein kann.

Amen

Wir schauen den lieben Gott ins Fenster
Das ist keine Suche nach Gespenstern
Menschen die vom Geist Gottes sind
beseelt
Denen zum Glück nichts mehr fehlt
Können dann zufrieden in den Himmel
blicken
Zwischen den Wolken die Blicke durch
das Fenster schicken
Träumen vom Augenblick der höchsten
Seligkeit
Sehen Engel fliegen erfüllt von
Glückseligkeit
Sie nehmen mit geschlossenen Augen
alles wahr
Auch die Schönheit von Gottes
Schöpfung ganz klar
Doch auch mit offenen Augen können
wir durch ein Fenster sehen

Es ist in uns und kann nur mit Gottes
Hilfe bestehen
Wir blicken auf unsere Sünden und
unsere Sterblichkeit
Finden aber auch seine Liebe und
Herrlichkeit
Auf sein Versprechen können wir bauen
Denn der Herr ist die Hoffnung – wir
müssen nur vertrauen

Jesus Christus, ich weiß nicht, ob ich mein Leben so führe wie du es von mir erwartest. Wahrscheinlich ist es nicht so. Bitte hilf mir dabei es so sinnvoll zu gestalten, dass es deiner Liebe gerecht wird. Zeige mir meine Grenzen und Schwächen, damit ich sie mit dieser Hilfe überwinden kann. Denn mein Weg soll dein Weg sein. Mein Weg soll mich für immer zu dir führen! Darum bitte ich dich!

Amen

Du hast gesagt, du bist mein Engel
Ich habe geglaubt du wärst wie Gabriel
Und gab dir meine Seele, wie es war
dein Begehr
Denn sie war so sorgenschwer
Meine Seele flog getragen von deinen
Worten
Vorbei an Raum und Zeit und geheimen
Orten
Sie war geblendet durch dein Licht
Ohne zu merken, dass es keine Wärme
verspricht
Du nahmst sie und ließest sie fallen
Meine Hilferufe ungehört verhallen
Du fragst nicht was aus meiner Seele
wird
Du bist ein dunkler Engel mit dem man
nur verliert
Du bist Luzifer und das falsche Licht
Es zeigt, du bist der größte Wicht

Du ließest meine Seele zurück in
Dunkelheit und Kälte
Es war der falsche Weg den ich wählte
Ich suchte meine Seele neu und fand sie
ängstlich und verwirrt
Hatte sich auf ihrem Weg so sehr verirrt
Doch fand ich jemand, der war da auch
für mich
Es war Jesus Christus, er rettete mich
Ich fand bei ihm Liebe und Vergebung
Und er nahm fort meine ganze
Verbitterung

Großer Gott, du bist meine einzige Hoffnung. Auf dich gründet sich mein Vertrauen im Leben. Deine Güte und Barmherzigkeit und deine Güte kennt keine Grenzen. Vor dir stehe ich mit meiner Kraft und meiner Schwäche. Die eine erhalte mir und die andere heile bitte. Guter Gott, bitte lass Erkenntnis und Liebe in mir wachsen. Zu dir erhebe ich meinen Blick und auf dich vertraue ich.

Amen

Glauben tut jeder, auch wenn er es
nicht weiß
Glauben ist nicht teuer, hat keinen Preis
Hier kommt der Beweis:

Der Stuhl auf den du dich so gerne setzt
Du <u>glaubst</u>, er hält doch dein Gewicht
Du drehst die Heizung auf und <u>glaubst</u>
sie wärmt dich jetzt
Du drückst den Schalter und <u>glaubst</u> an
das Licht
Du drehst am Wasser und <u>glaubst</u> das
Wasser kann man trinken
Du trittst auf die Bremse und <u>glaubst</u>
das Auto bleibt stehen
Du fährst mit dem Schiff und <u>glaubst</u> es
wird nicht sinken
Du legst dich schlafen und <u>glaubst</u>
morgen wird es weitergehen

Du nimmst alles als selbstverständlich
hin
Nörgelst hier und da sogar noch rum
Vielleicht macht alles erst dann wirklich
Sinn
Wenn hinter dem Wort <u>glauben</u> steht
das Evangelium
Ich glaube es wäre mal ganz wichtig
Darüber nachzudenken, was <u>glauben</u>
auch noch heißen kann
Da gibt es jemand der fände es
bestimmt ganz richtig
Das man über das Wort <u>glauben</u> auch
mal reden kann

Ein kleines Mädchen wünschte sich eine Puppe, aber die Eltern waren arm. Jeden Abend betete es zu Gott, ihm doch eine Puppe zu schenken. In Liebe nähte ihre Mutter eine, füllte sie mit Weizenkörnern und schenkte sie ihm. Die Freude konnte nicht größer sein.

„Diese Puppe zeigt dir", sagte die Mutter, „dass Gott auch deine Wünsche kennt und er dich nie vergisst!"

Die Puppe wurde zu ihrer besten Freundin und sie hielt sie auch als Erwachsene in Ehren. Dann kam in ihrem Leben eine schwere Zeit. Das Leben war einfach nur hart. Sie konnte Gott nicht mehr verstehen.

Gedankenverloren nahm sie eines Tages ihre alte Puppe und weinte sich damit jeden Abend in den Schlaf. Niemand sah sie und die Puppe nahm alle Tränen auf. Irgendwie ging das Leben weiter. Eines Tages bemerkte die Frau eine unglaubliche Veränderung an der Puppe. Immer wieder betrachtete sie dieses Wunder. Ihre Puppe war lebendig geworden. Aus ihrem Körper wuchs frisches Grün. Die alten Weizenkörner waren zum Leben erweckt worden. Ihre Tränen hatten sie keimen und wachsen lassen. Kein Mensch hatte sie gesehen, aber Gott! Und er gebrauchte sie, um ihr zu zeigen, dass Tränen nicht vergeblich sind. Er hatte sie nicht vergessen. Gott kann aus allem, auch aus dem Schwersten, etwas Gutes entstehen lassen. Und Jesus selbst verglich sich mit einem Weizenkorn, das in die Erde fällt, stirbt und somit Frucht bringt. So ist es auch mit unserem Leben.

Manches in uns muss sterben und dabei geht es oft ohne Tränen nicht ab. Jesus hat sich seiner Tränen nicht geschämt, als er am Grab seines Freundes Lazarus weinte.

Gott, du Grund unserer größten Freude, durch die Geburt deines Sohnes Jesu Christ, hast du einen hellen Schein in unsere dunkle Welt gegeben. Bitte hilf, dass dieses Licht nie für uns hört auf zu leuchten. Lass es widerstrahlen in allem was wir schaffen und tun.

Amen

Guter Gott, lieber Vater, aus Liebe zu uns verlorenen Menschen, hast du der ungläubigen Welt deinen Sohn gesandt. Damit wir ihn im Glauben aufnehmen und durch ihn selig werden. Wir bitten dich: Gib deinen heiligen Geist in unsere Herzen, dass wir in diesem Glauben leben und bleiben.

Amen

Herr, ich weiß, ich vergesse dich oft. Ich glaube häufig nicht, dass du mich siehst. Ich höre nicht, wenn du mich rufst. Ich bin nicht so, wie du mich haben willst. Ich täusche andere und rede schlecht über sie. Auch einige andere Gebote von dir habe ich schon missachtet. Darum bitte ich dich Gott: Lass mein Leben nicht verderben. Verzeih mir und hilf mir und sei mir Sünder gnädig!

Amen

Er hat ihn geopfert, seinen
eingeborenen Sohn
Jetzt glänzt der Friede rund um Gottes
Thron
Er ist es, der ewig liebt
Und euch den Frieden gibt
Nach seinen Geboten leben, so soll es
sein
Das heißt, Gott ewig treu zu sein
Wir sind froh, dass wir dich hören
Denn zu dir wollen wir gehören
Loblieder wollen wir singen über dich
Weil deine Herrlichkeit währet ewiglich

Erforsche mich Gott und lese in
meinem Herz
Sieh mein Glück, sieh meinen Schmerz
Ließ in meinen Gedanken
Weise meinen Übermut in die
Schranken
Führe mich auf die richtigen Wege
Damit sich keine Sünde in mir rege
Herr, lass mich dein Liebe genießen
Ewiglich soll sie in mir sprießen
In deinem Frieden will ich ruhen
Von deiner Herrlichkeit überall Kunde
tun
Wir können doch so glücklich sein
Lasst nur das helle Licht in euch hinein

Ein sehr bekannter Pfarrer startete einst sein Seminar, indem er einen Scheck von 40 EURO hochhielt. In dem Raum saßen insgesamt 100 Leute.
Er fragte: "Wer möchte diesen Scheck haben?"
Alle Hände gingen hoch.
Er sagte: „Ich werde diesen 40 EURO Scheck einem von Euch geben, aber zuerst lasst mich eins tun."
Er zerknitterte den Scheck.
Dann fragte er: „Möchte ihn immer noch einer haben?"
Die Hände waren immer noch alle oben.
Also erwiderte er: „Was ist, wenn ich das tue?"
Er warf ihn auf den Boden und rieb den Scheck mit seinen Schuhen am dreckigen Untergrund.
Er hob ihn auf, den Scheck; er war zerknittert völlig dreckig und an der einen Seite etwas eingerissen.

„Nun, wer möchte ihn jetzt noch haben?"

Es waren immer noch alle Arme in der Luft.

Dann sagte er: „Liebe Freunde, wir haben soeben eine sehr wertvolle Lektion gelernt. Was auch immer mit dem Geld geschah: Ihr wolltet es haben, weil es nie an seinem Wert verloren hat. Es war immer noch und stets 40 EURO wert.

Es passiert oft in unserem Leben, dass wir abgestoßen, zu Boden geworfen, zerknittert, und in den Dreck geschmissen werden. Das sind Tatsachen aus dem alltäglichen Leben. Dann fühlen wir uns, als ob wir wertlos wären. Aber egal was passiert ist oder was passieren wird, DU wirst niemals an Wert verlieren. Schmutzig oder sauber, zerknittert oder fein gebügelt, DU bist immer noch unbezahlbar für all jene, die dich über alles lieben.

Der Wert unseres Lebens wird nicht durch das bewertet, wen wir kennen, oder wie wir aussehen ... sondern dadurch wer Du bist. Du bist was Besonderes und Wertvolles, für deine Familie und deine Freunde – vergiss das NIEMALS! Aber da ist noch jemand der dich bedingungslos liebt und durchs Leben trägt – Gott! Kein Mensch kann dir deine Sünden vergeben und das Leben nach dem Tod versprechen – nur Gott kann das! Vergiss auch das NIEMALS!"

Der Himmel hängt voll Wolken schwer
Ich sehe das blaue Zelt nicht mehr
Doch über Wolken hell und klar
Nehme ich ein freundliches Auge wahr
Es tobt der Sturm mit wilder Macht
Und immer dunkler wird die Nacht
Doch wenn auch meine Seele bebt
Sie weiß, dass dort ein Heiland lebt
Ein Heiland, der ihr gibt die Kraft
Damit sie ihr irdisch Leben schafft

Ich höre gern auf Gottes Wort

Egal an welchem Ort

Lasse mich einladen zum Abendmahl

Es ist ein großes Geschenk - ganz ohne
Qual

Finde dort die Quelle und das Brot des
Lebens

Hast und Unruh sucht man jetzt
vergebens

Mit diesem Geschenk begleitest du
mein Leben

Du hörst mein Gebet und wirst mir
vergeben

Ich danke dir für mein tägliches Brot

Und für die Kraft, wenn ich bin in Not

Deine Nähe spüre ich immer wieder

Betend knie ich dann vor dir nieder

Allmächtiger Gott und Vater, du hast
deinen Sohn zum Licht der Welt
gemacht. Wir bitten dich: Erfülle die
ganze Erde mit seinem Glanz, der von
dir ausgeht. Alle Menschen sollen deine
Herrlichkeit erfahren und anbeten,
denn du bist die Liebe und das Leben!

Amen

Barmherziger Gott, du vergibst uns unsere Sünden täglich und willst, dass auch wir einander vergeben. Überwinde unsere vorgefaste Meinung, damit wir barmherzig miteinander umgehen und von deiner Versöhnung leben. Halte uns fest, damit wir nicht straucheln und fallen, sondern bestehen in dem Leben, das du für uns bestimmt hast.

Amen

Was ist der Lebenssinn auf dieser Welt

Was ist es, das letztlich wirklich zählt

Ist es vielleicht Ruhm, Ehre, Macht und
Geld

Nein, das ist nur der Maßstab dieser
Welt

Was vor Gott zählt sind ganz andre
Sachen,

Das, was Unverständige belachen

Es sind Werte: Liebe, Demut, Güte,

Und ein Gott wohlgefälliges Gemüte

Durch Anbetung Gottes und ihn zu
suchen,

Gelangt man nur zu Seines Thrones
Stufen

Doch oft muss zuerst durch schwere
Zeiten,

Uns unser Gott erst führen und leiten

Sind Gottes Wege uns auch
unangenehm,

Können wir auch keinen Sinn darin sehn,

So bedenke auch: Gott hat mit uns ein Ziel,

Und er treibt mit uns kein Spiel

Gibt's etwa Diamanten ohne schleifen

Gold ohne der Flammen läuterndes Greifen

Entsteht ein Gefäß ohne Druck des Töpfers

Also kein reines Herz ohne Zucht des Schöpfers

Umso größere Pläne Gott mit uns hat,

Umso mehr gilt es zu hören auf seinen Rat,

Desto mehr muss Er tun um uns zu beugen

Uns gestalten zu seinen Werkzeugen

Du fragst, warum geht es manch Frommen hier so gut,

Warum kennen diese denn keine
Leidensglut
Warum erlebst nur Du so schwere
Zeiten,
Andere dagegen nur Fröhlichkeiten
Lass Dich nicht täuschen von äußerer
Frömmigkeit,
Bei manchen reicht diese bei Gott gar
nicht weit
Es geht ums Führen demütigen Lebens,
Auch Gehorsam sucht Gott dort oft
vergebens
Ihm geht es nicht um großes
Menschenwerk,
Das ist wie Stroh welches vom Feuer
wird verzehrt
Er möchte Gemeinschaft mit uns haben,
So eng, dass er kann "mein Kind" zu
uns sagen

Die Frage ist: Wie viel hat Gott noch zu
tun,
Ist er schon am Ziel mit uns, kann er
jetzt schon ruhn
Was findet er - was ist unser Verlangen,
Es gibt nur eines: Gott zu suchen und
ihn umfangen

Ich habe lange nicht gebetet. Ich hielt alles für Aberglauben und überflüssig. Ich weiß auch nicht, ob es überhaupt richtig ist, dass ich bete und wie ich bete. Ich habe soviel auf dem Herzen und kann es keinem sagen außer dir, Gott. Du kennst mich besser, als ich mich kenne. Manchmal denke ich, dass auch Gott mit meinen Gedanken überfordert ist. Rette meine Seele und zeig ihr den Weg zu dir. Bitte hilf mir!

Amen

Ein kleiner Junge, der auf Besuch bei seinem Großvater war, fand eine kleine Landschildkröte und ging gleich daran sie zu untersuchen. Im gleichen Moment zog sich die Schildkröte in ihren Panzer zurück und der Junge versuchte vergebens sie mit einem Stöckchen herauszuholen. Der Großvater hatte ihm zugesehen und hinderte ihn daran, das Tier weiter zu quälen.

„Das ist falsch", sagte er, „komm' ich zeige dir wie man das macht."

Der Großvater nahm die Schildkröte mit ins Haus und setzte sie auf den warmen Kachelofen. Es dauerte nur wenige Minuten, dann wurde das Tier warm, steckte seinen Kopf und seine Füße heraus und kroch langsam auf den Jungen zu.

„Menschen sind manchmal wie Schildkröten", sagte der Mann.

„Versuche niemals jemanden zu zwingen. Wärme ihn nur mit etwas Güte und Liebe auf und er wird seinen Panzer verlassen können." Der Junge verstand noch nicht richtig was der Großvater meinte, aber es würde der Tag kommen, an dem er sich an diese Worte erinnerte!

Herr, erfülle mich mit deinem Geist
Damit mein Herz deine Herrlichkeit
dann preist
Lass aus mir den Glauben strömen
Mich mit der ganzen Welt versöhnen
Ich habe Zweifel tief in mir
Zweifel an mir selbst – nicht an dir
Gott, gib mir die Kraft, damit ich dich
verstehe
Und nicht vor Sehnsucht nach deiner
Liebe heut vergehe
Ich danke dir, dass ich dort lebe wo
Frieden ist
Damit keiner deine Worte je vergisst
Ich spüre den Wunsch nach
Geborgenheit und Liebe tief in mir
Ich weiß, beides finde ich bei dir

Guter Gott, ich möchte meinen Kindern zur Seite stehen und sie auf ihrem Lebensweg begleiten. Mit Zuwendung und Liebe möchte ich an ihrem Leben teilhaben, denn Menschen brauchen Menschen um behütet durch das Leben gehen zu können. Bitte hilf mir, sie in deinem Sinn zu unterweisen, damit sie die Kraft des christlichen Glaubens kennen lernen.

Amen

Herr, ich wünsche mir, du würdest vor mir hergehen.
Meinen Augen helfen dich zu sehen.
Ich möchte Erfüllung finden, Schritt für Schritt.
Herr, nimm mich doch bitte mit
Du bist voller Liebe und Herrlichkeit
Du bist die Dreieinigkeit
Für mich bist du die Hoffnung
Denn du hältst sie für mich bereit – die Vergebung
Durch den Glauben bist du stets bei mir
Denn meinen Frieden finde ich bei dir
Deine Gebote erfüllen, danach will ich streben
Aufrecht und wahrhaftig dafür leben

Gott, ich habe keinen Menschen dem ich mich anvertrauen kann. Ich habe soviel auf dem Herzen, aber niemanden mit dem ich es besprechen kann. Es sind so viele Menschen um mich herum und doch bin ich allein. Befreie mich aus meiner Einsamkeit und gib mir einen Menschen mit dem ich reden kann. Gib mir auch weiterhin den Mut, dich mit meiner Angst zu belasten, guter Gott.

Amen

Herr, ich danke dir, dass du auch mir den Weg zu dir gezeigt hast. Ich habe ein gutes und erfülltes Leben. Eine liebende Frau und zwei wunderbare Kinder. Bitte behüte sie und lasse auch sie den Weg zu dir finden. Ich versuche, auch sie zum Glauben zu führen. Doch ich bin nur ein Mensch und nicht ohne Sünde. Darum bitte ich dich mir zu helfen.

Amen

Zwei reisende Engel machten Halt, um die Nacht im Hause einer wohlhabenden Familie zu verbringen. Die Familie war unhöflich und verweigerte den Engeln im Gästezimmer des Haupthauses auszuruhen.

Anstelle dessen, bekamen sie einen kleinen Platz im kalten Keller. Als sie sich auf dem harten Boden ausstreckten, sah der ältere Engel ein Loch in der Wand und reparierte es. Als der jüngere Engel fragte, warum, antwortete der ältere Engel: „Die Dinge sind nicht immer das, was sie zu sein scheinen."

In der nächsten Nacht rasteten die beiden im Haus eines sehr armen, aber gastfreundlichen Bauern und seiner Frau. Nachdem sie das wenige Essen, das sie hatten, mit ihnen teilten, ließen sie die Engel in ihrem Bett schlafen, wo sie gut schliefen. Als die Sonne am nächsten Tag den Himmel erklomm, fanden die Engel den Bauern und seine Frau in Tränen. Ihre einzige Kuh, deren Milch ihr einziges Einkommen gewesen war, lag tot auf dem Feld. Der jüngere Engel wurde wütend und fragte den älteren Engel, wie er das habe geschehen lassen können?

„Der erste Mann hatte alles, trotzdem halfst du ihm", meinte er anklagend. „Die zweite Familie hatte wenig, und du hast die Kuh sterben lassen." „Die Dinge sind nicht immer das, was sie zu sein scheinen", sagte der ältere Engel. „Als wir im kalten Keller des Haupthauses ruhten, bemerkte ich, dass Gold in diesem Loch in der Wand steckte. Weil der Eigentümer so von Gier besessen war und sein glückliches Schicksal nicht teilen wollte, versiegelte ich die Wand, sodass er es nicht finden konnte. Als wir dann in der letzten Nacht im Bett des

Bauern schliefen, kam der Engel des Todes, um seine Frau zu holen. Ich gab ihm die Kuh anstatt dessen. Die Dinge sind nicht immer das, was sie zu sein scheinen und Gottes Wege sind wunderbar!"

Ich hoffe, ein Engel steht für dich bereit

Um dich zu tragen, wenn der Weg für dich zu weit

Möge der Herr stets bei dir sein

Damit dein Herz bleibt für immer rein

Er möge dich erfüllen mit seiner Zuversicht

Und der Liebe hellem Licht

Beschützen soll der Engel dich Tag und Nacht

Glaube nur daran, dass er stets an deiner Seite wacht

Guter Gott, wir bitten dich: Sei du die Mitte in unserem Leben. Gib, dass wir dich nie ganz vergessen, nicht gottlos durch unser Leben gehen. Vergiss uns nicht, auch wenn wir dich gelegentlich vergessen. Sende uns deinen Geist, der in uns betet und uns lehrt, dich anzubeten. Darum bitten wir dich, durch Christus, unseren Herrn.

Amen

Großer Gott, wir loben und preisen
dich
Denn du bist hier und jetzt und ewiglich
Unser Glaube an dich bringt niemand je
ins wanken
Für deine Liebe und Güte können nicht
genug wir danken
Deine Macht, die kann kein Mensch
ermessen
Sie zu leugnen wäre einfach nur
vermessen
Herr, auf dich werden wir stets
vertrauen
Und mit deiner Hilfe unser Leben bauen

Herr, wir bitten dich: gib uns Hoffnung und ein sinnerfülltes Leben. Teile mit uns deine Liebe und sei gnädig mit uns Sündern. Gib uns die Kraft, dein Wort anzunehmen und danach zu leben. Guter Gott, lass uns schwache Menschen durch deinen Sohn den Weg zu dir finden!

Amen

Gott, du hast in Jesus Christus dem Tod
die Macht genommen
und das Leben und ein unvergängliches
Wesen ans Licht gebracht.
Dir sei Lob und Dank für die
Erneuerung des Lebens.
Erleuchte uns und lass Deine Kraft in
uns mächtig sein.
Dir sei Lob und Dank für das Geschenk
des Lebens.
Öffne uns Herz und Lippen,
dass wir dein Wort hören und deinen
Namen bekennen.
Segne uns durch deine Gegenwart!

Amen

Gott, wer immer du sein magst,
lange habe ich nicht gebetet. Hier,
in Angesicht meiner Krankheit, bitte ich
dich um deine Vergebung. Bitte hilf
mir! Ich bin verzweifelt und voller
Angst, fühle mich gelähmt und
möchte gleichzeitig weglaufen.
Gib meinen Gefühlen eine Sprache
um Klarheit zu gewinnen. Sei du mein
Gegenüber, dem ich alles anvertrauen
kann, damit ich wieder zu mir komme.
Schenke mir Tränen, die mich befreien,
gib mir Mut und Kraft, damit ich nicht
innerlich die Flucht ergreife.

Amen

Gerechtigkeit bei Gott im Himmel
wohnt
Gerechtigkeit mit der wird jeder
Gläubige wird belohnt
Jesus Christus gab sich zu erkennen
Zu ihm und seinen Vater wir uns gern
bekennen
All unser Schaffen und Tun
Das tut im Namen des Herrn, fangt
nicht an zu ruhn
Ruft an aus reinem Herzen den Herrn
Glückseligkeit ist dann nicht mehr fern
Versammelt euch und stimmt an den
Lobgesang
Vor ihm sind alle gleich
Egal ob Mann, ob Frau, ob arm, ob reich

Vor einigen Jahren lernte ich einen jungen Mann kennen, der total anders war als alle anderen. Er hieß Mike O`Hara und war Anfang Zwanzig. Er hatte Knochenkrebs im Endstadium. Aber das war nicht das Ungewöhnliche an ihm. Es war seine Einstellung zum Leben und zum Tod, über die ich staunte. Sein Humor war verblüffend. Kurz nach dem Verlust aller Haare (durch die Chemotherapie) zum Beispiel ging Mike auf eine Faschingsparty, verkleidet als Deoroller. Sein kahler Kopf war die Roll-on Kugel. Trotz seines Humors war mir in Mikes Gegenwart immer etwas unwohl, weil ich mir ständig bewusst war, dass er nur noch ein paar Monate zu leben hatte. Eines Tages, als wir zusammen essen waren, fiel Mike meine Gezwungenheit auf.

„Was ist los mit dir?" fragte er. „Glaubst du, das ist ansteckend?" Er zeigte auf seine spiegelblanke Glatze. Als meine Antwort ausblieb, lachte er und rieb sich mit den Händen am Kopf. Dann beugte er sich plötzlich vor und strich mir über das Haar. „Es ist tatsächlich ansteckend!" brüllte er. Jetzt schauten alle im Restaurant uns zu. „Ich weiß, warum du so nervös bis", fuhr er ruhiger fort. „Weil ich bald sterbe, stimmt's?" Sein Gesicht verschwamm vor meinen Augen, weil mir die Tränen kamen, und ich nickte. Zum Sprechen war ich viel zu überwältigt. Dann sagte Mike etwas, das ich nie vergessen werde. Er beugte sich vor und flüsterte: „Ken, wir sterben beide. Der einzige Unterschied zwischen uns ist, dass Gott mir verraten hat, wann. Wir könnten aus diesem Restaurant kommen und du wirst von einem Auto angefahren und kommst eher in den Himmel als ich. Habe keine Angst vor dem Sterben, genau wie ich! Denn wir sind Christen, glauben an Gott und an ein Leben nach dem Tod."

Herr unser guter Gott, wir schlagen die
Hände ein
Als Zeichen: wir wollen treu dir sein
Du dem die Schöpfung untertänig
Bist Bruder und König
Heil dir, der du ewig liebst
Uns allen unser Leben gibst
Du wirst mit deinem Lebensstabe
Die deinen auch aus ihrem Grabe
Ausführen in des Himmels Licht
Von Angesicht zu Angesicht
Dann sind wir frei durch deine Treu
Denn du auf dem Thron machst alles
neu

Großer Gott, wenn wir unsere Sünden
bekennen, hoffen wir, dass du sie
vergibst, denn du bist treu und gerecht.
Der Teufel versucht uns jeden Tag und
wie oft werden wir schwach. Herr, gib
uns die Kraft durch den Glauben und
deine Liebe ihm zu widerstehen! Gott,
sei uns armen Sündern gnädig!

Amen

Herr Jesus, in der Bibel steht, dass du gekommen bist, um auch Sünder selig zu machen. Ich bete selten zu dir und ich bin ein Sünder. Auch für die Zukunft kann ich nichts versprechen, weil ich nicht weiß, ob ich wieder schwach werde. Ich bitte dich um Vergebung. Darum Herr Jesus, übergebe ich mich dir von Kopf bis zu den Füßen und vertraue auf deine Gnade!

Amen

Eine weise Frau reiste durch die Berge. Eines Tages fand sie in einem Bachlauf einen sehr wertvollen Stein. Am nächsten Tag traf sie einen anderen Wanderer. Der Mann war hungrig und die weise Frau öffnete ihre Tasche, um mit ihm ihr Brot zu teilen. Der Wanderer sah den wundervollen Stein in der Tasche. „Gib mir den Stein" sagte er. Die Frau reichte dem Mann ohne jedes Zögern den Stein. Der machte sich schnell davon, denn ihm war klar, dass der Stein sehr, sehr wertvoll war und dass er nun den Rest seines Lebens sorgenfrei verbringen konnte. Einige Tage später kam der Mann jedoch zurück zu der Frau und gab ihr den Stein wieder. „Ich habe nachgedacht," sagte er. „Ich weiß, wie wertvoll dieser Stein ist. Aber ich gebe ihn dir zurück. Das tue ich in der Hoffnung, dass du mir etwas viel Wertvolleres dafür schenken kannst. Bitte gib mir etwas von dem, was in deinem Herzen wohnt und es dir möglich machte, mir diesen Stein zu schenken, obwohl du weißt wie wertvoll er ist!"

Ich bin auf dem Weg zu dir
Ihn zu finden, das wünsch ich mir
Bin wie das kleine Samenkorn
Vom Wind geweht nach vorn
Herr Jesus, ich will dich kennenlernen
Und mich nicht von dir entfernen
Du sagst, dafür ist es nie zu spät
Egal wie schnell die Welt sich dreht
Nenn doch auch mich bei meinem
Namen
So wie die anderen, die zu dir kamen
Dann weiß ich, dass ich angekommen
bin
Denn ohne dich hat alles keinen Sinn
Nur du kannst mich bei den Händen
nehmen
Und meine Sünden mir vergeben

So sehr hat Gott die Welt geliebt, dass er seinen eingeborenen Sohn gab, damit jeder, der an ihn glaubt, nicht verloren gehe, sondern ewiges Leben habe!

Johannes 3,16

...denn wer glaubt vertraut!!

VITA

Kurt von der Heide wurde 1959 in Ostwestfalen geboren. Er ist verheiratet und hat zwei erwachsene Kinder. Seit seiner Jugend beschäftigt er sich mit dem Schreiben.

Angefangen mit Erzählungen und Reiseberichten, schreibt er heute Romane, Kinderbücher, Gedichte und Kurzgeschichten.

Bereits in mehreren Anthologien sind Gedichte und Kurzgeschichten von ihm erschienen.

Erfolgreiche Teilnahme an Ausschreibungen sowie Wettbewerben

Besuchen Sie ihn auf seiner Homepage:
www.kurtvonderheide.de